貝大衛（David Bellis） 著

非凡出版

推薦序一

早於 1990 年代，鄭寶鴻、高添強等已開始收藏、研究，以及解說香港歷史照片，相關著作亦每年出現。只是在上年，小弟已為張順光先生、陳照明先生，以及我的同僚譚家齊教授撰寫的《從暗淡到絢爛：看得見的港島故事》撰寫推薦序。我在《從暗淡到絢爛》序中，已指出近年本書作者貝大衛（David Bellis）的古老網（Gwulo.com）為香港歷史的研究提供了大量有趣的資料，尤其是來自他本人收集以及一眾網友貢獻的影像資料，以及與之對應的回憶史料。

自攝影技術在香港出現以後，政府、軍隊、公共機構、居民，以及往來香港的旅人均拍攝了大量有關香港地貌、城市景觀、經濟活動，以及社會民生百態的照片。他們是香港歷史重要的資料來源和輔助證據。近年，我們對香港歷史的空間面向有更深入的認識，其中原因就是因為歷史照片的日趨普及，以及這些照片與其他地理空間數據例如航空相的運用。

由於在書本中複製這些照片成本不低，而且史家大多聚焦討論文字及回憶史料，影像史料少有在嚴肅的香港史著作中成為主角，但這並不代表治史者忽視影像史料的重要性。而且由於技術的進步，掃描、儲存及展示這些照片將更為容易，因此亦可預計影像史料將對歷史研究和教育有更大的幫助和影響。特別是隨着數位人物（Digital Human）以及人工智能的發展，研究者將更好地利用歷史照片中的內容，為不同方向的歷史研究進行補充，甚至開拓全新的領域。我希望讀者除了欣賞這些難得存世的照片內容外，亦會留意到過去不同方面的廣闊可能性。

鄺智文教授
香港浸會大學歷史系

推薦序二

翻開歷史界前輩貝大衛（David Bellis）的《老照港古：香江華洋舊事相中尋》，指尖拂過那些相片邊角，恍惚間維多利亞港的風便穿透紙背吹來。

三十五年前匆匆途經香港的他，這片土地從此楔入他的生命，來自英國威爾斯的異鄉人，成為了香港歷史的考據者，將多年收藏及研究付梓成書。儘管來自異域，但比更多本地人都更熟悉香港，帶着獨特的視角，懷抱着探尋根源的渴望，瞇眼細看歷史。

逾三萬五千幀收藏影像之中精選相片，時間跨度是 1880 年至 1960 年代，帶領我們穿越時光，回到昨日的香港。他的案頭沒有魔杖，唯有縝密的放大鏡般，猶如歷史偵探一樣，在他眼中，照片絕非平面的圖像，而是一個多維的、充滿線索的謎題現場。

存續與消失，皆為時光流轉的鐵證。顯影之物，是時光的佐證，在千篇一律的維港風景裏，他敏鋭捕捉城市的輪廓，某棟建築的建造年份，某交通工具的型號和塗裝；即使細微如團體服飾上的徽飾、唐樓柱子上的一張電影海報、生產於某限定年份的相紙、郵政的戳記、衣着服飾的時尚流變，都是時間的線索；隱去之跡，亦為無聲證言，缺席亦是歷史的關鍵注釋，成為推斷年代的負空間，梳理出時間的脈絡；翻檢相片的紙背乾坤，在字裏行間尋真章，以推敲年份。

他甚至將目光投向科學細節——照片中建築物投射的陰影角度、長度，依據太陽運行的規律與地理方位，推算出快門按下的季節時辰。這已不僅是考據，而是將歷史瞬間重新錨定於浩瀚宇宙之中。

在學時已深受貝大衛先生創立的 Gwulo 網站滋養，歷史同好們在此切磋琢磨，共用文獻，交叉印證。一張照片的懸案，往往在眾人智慧的碰撞中，於浩渺的報章檔案、政府紀錄裏尋得解答。十多年來的深耕細作，歷史於此，不再是冰冷的故紙堆，而是帶有溫度的延續。

作為後學，能獲此殊榮為前輩這本心血之作的中文譯本撰寫序言，與有榮焉。前輩以異邦之身，懷赤子之心，窮半生之力，重組香港歷史。先生對真相鍥而不捨的追尋，對分享毫無保留的熱忱，吾願能實踐及延續以照片記錄我城，上下而求索。

是為序。

林曉敏
「香港遺美」創辦人

「推薦序三」

舊照裏的香江，記憶中的維城

不知不覺經營了「尋蹤覓蹟」專頁接近十年，每當需要研究一個地方、一座建築，必然會想起一個網站，就是由貝大衛（David Bellis）所創立的 Gwulo: Old Hong Kong 網站（俗稱古老網）。猶記得去年 David 決定結束他自二十六歲起在香港展開的生活後，在一場講座之上就重新認識到 Gwulo 網站的故事，當時從沒有想過一年之後會承蒙邀請為他的書籍撰寫序言。

香港的故事雖不悠長，卻已走過一百八十四載春秋；香港的故事雖不浩瀚，卻容納了五洲四海的身影。這座城的敘事，在每個人的記憶中，自有其獨特的篇章。Gwulo 上的老香港相片猶如天上繁星多不勝數，David 作為這個網站的創辦人，竟從云云三萬五千張相片當中精挑細選，編寫了一本從相片説故事的書籍——《老照港古：香江華洋舊事相中尋》。

打開書本彷彿推開一扇時光之門，他以相片為筆，寫下這座城市最生動的歷史註腳。書中收錄的微細街景如〈小販・書攤・老鼠箱〉反映了一個時代的背景，華人、洋人獨特的衣着照片展現了香港殖民地時期的獨特美學，就連一張和平紀念碑揭幕的舊照，也能辨識出場內的軍團以及觀禮人士。最令人難忘的，正是書中展示不同時期的中環俯瞰老照，那些如今已難覓蹤影的唐樓與洋樓，見證了上世紀初的建築風潮；而「俯瞰舊中環的街景」則像一幅流動畫卷，維多利亞城的天際線尚未被摩天樓主宰，街道上電車、人力車與行人交織，呈現出有別於今日的從容節奏。

Gwulo 多年來匯聚了無數熱心網友，上傳、考證、討論香港的舊照片與歷史細節，如今這些過去的討論都在 David 的努力下重新連結，以嚴謹的考據與細膩的敘事，帶我們重回那個華洋雜處、新舊交織的香江。

《老照港古》是對香港歷史的一次深情回望，也是對 Gwulo 社群多年耕耘的致敬。作為一名受惠於 Gwulo 的網民，我尤其感佩貝大衛對「公共歷史」的實踐，亦感恩無數的熱心人士共同辨識人物地點、補白歷史細節。當香港在急遽的城市更新中不斷告別自己的過去，《老照港古》提醒我們：歷史從非單一敘事。唯有認清「從何而來」，方能思索「向何處去」。

陳國豪 Leo

Gwulo 網站長期用家、「尋蹤覓蹟」版主

中文版序

很高興為大家帶來我的第一本書，這是它首度以中文出版。

我們談的是歷史，但放心，絕對不像我上學時枯燥的歷史課，你不必抄寫老師的筆記，也毋須死記硬背人名和年份。我們只要放輕鬆，一起發掘老香港故事。

先由細看香港老照片開始，用好奇的眼光，像拿着放大鏡般，從相片細節裏發掘線索和疑問，再透過一些偵探技巧尋覓答案，慢慢品味箇中故事。

幸好老香港照片從來不缺故事。鏡頭拉遠，可以見證這座城市飛速發展，街道和樓宇更迭不斷；靠近一點，能折射出世界強權的興衰，不同公司和行業的起落；再聚焦些，會看到香港的「人」——他們無疑才是最豐富的故事來源。

這刻輪到你登場了，角色由讀者變成歷史探求者。我收到過最難忘的讀者回饋，來自一個幾代同堂的家庭，全家人一起閱讀我的書（指英文原版），發覺當中的照片和故事成為一把鑰匙，打開了長輩的塵封記憶，讓他們分享往事。我希望這次的中文版能促成更多長幼間的對話，趁還有機會的時候，聽聽老一輩的故事。

或許只是一個夢想，但既然本書有了中、英文版本，我期盼它能成為一座橋樑，連結海外港人家庭中的不同世代，就算祖輩只看中文，兒孫輩只看英文，亦能一同閱讀。

其實早在2017年英文版完成後，就萌生推出中文版的想法。原已不抱希望，誰料今年初，非凡出版的編輯聯絡我。我非常感謝他對本書的興趣，以及一路上的支持，才有了你手上的這本書。

我也要感謝鄺智文博士，不僅為本書慷慨賜序，更一直透過講座、著作、展覽和創新的網上地圖計畫，致力推廣香港軍事史。我亦慶幸獲專頁「香港遺美」的林曉敏小姐和「尋蹤覓蹟」的陳國豪先生推薦——大家可以到他們的社交媒體，看兩人如何探尋香港往昔。最後，我要再次感謝當年協助我完成英文版的人，特別是我的太太 Grace，謝謝你們各位的支持。

貝大衞（David Bellis）

2025年6月書於威爾斯 Pembrokeshire

註：中文版序原為英文，此為經作者確認之中譯文本。

「目錄」

我蒐集了許多老香港的照片和故事。

有時候是先有故事，我再找一張適合的老照片作解說；但大多數情況是先有照片，我再從中發掘故事。

後頁是這幅照片的放版，方便大家細看。

言

透過本書，我會分享一些珍藏的昔日香港照片，並尋找相片中的故事，希望藉着一些蛛絲馬跡來回答最基本的問題：「照片攝於何時？何地？展示哪些人和事？」之後我們會進一步探索畫面細節，看看能找出甚麼驚喜。

例如我手上這張超袖珍照片——你看到甚麼？

再下一頁便分享箇中故事。

中西書籍

老照① 小販‧書攤‧老鼠箱

這幅照片毫無神秘感可言，因為記錄有確實的拍攝時間和地點。它來自一組攝於 1930 年代的老照片，畫面為靠近荷李活道的一個街頭市集。

鏡頭的焦點也很明確——相片正中央的一位攤販，以及他後方一位背對我們，倚坐書攤埋首閱讀的小伙子。

然而，更吸引我注意力的是照片左上方電燈柱。仔細看，你會發現以下這件東西……

驟眼看，似乎只是一個垃圾桶而已，但其實這是官方設置、編號為 109 的「老鼠箱」（Rat bin）。

在那個年代，老鼠箱遍佈全港。當市民發現死老鼠，便有義務把鼠屍丟進最就近的老鼠箱。當局會每天派員巡視兩遍，檢走箱內鼠屍。這些老鼠箱的使用率極高，據一份 1934 年的報告記載，當局一整年從老鼠箱合共收集得 153,711 隻死老鼠——即平均每日逾四百二十隻！

港府為何要針對老鼠作出這種特別部署呢？

據一份 1913 年的政府報告提到，工作人員收集鼠屍之際，也會記錄並標示所屬老鼠箱編號，隨後才送交當局的細菌學家「驗屍」。一旦驗出帶有鼠疫桿菌，當局便會第一時間派員到相關老鼠箱的周邊民居進行特別調查。換言之，可把老鼠箱視作鼠疫預警機制的一部分。

鼠疫襲港

1894 年，香港爆發了有紀錄以來第一場鼠疫，染疫者多達五千人，其中九人喪命（當時的疫情到底有多凶猛？按此死亡率推算，若這場災難不幸發生於今天，相當於超過十二萬人身亡）。

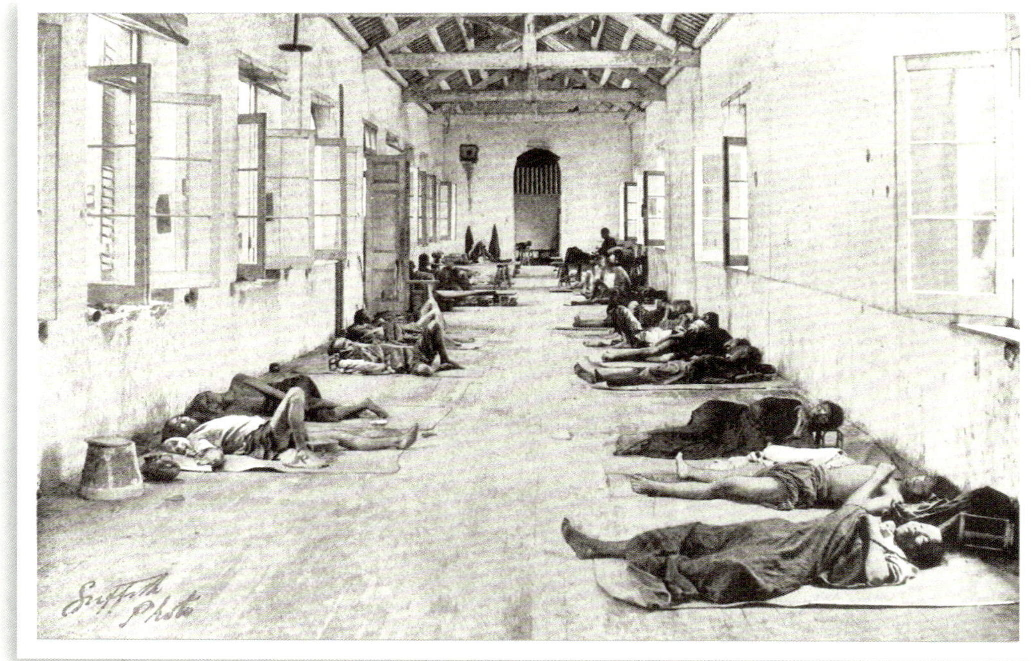

堅尼地城的臨時鼠疫醫院，攝於 1894 年

踏進 1895 年，香港僅錄得四十四宗鼠疫個案，疫情看來已成過去，豈料翌年個案卻激增至 1,204 宗。此後數十年，本地鼠疫災情起伏不休儼然成了常態，每年染疫宗數介乎數百宗到逾千宗不等。

直至 1930 年代中期，鼠疫無聲無息地從香港消失了。這應該算是一個好消息吧，惟令人擔憂的是，根本無法解釋疫情消散的原因。1934 年的一份政府報告如此形容：

> 「過去五年，香港沒有錄得任何感染鼠疫的報告。這種疫病不僅從本殖民地消失，在中國大部分地區以及全球範圍均同樣減少，原因不明。」（*For the last five years no cases of plague have been reported in Hong Kong. The disappearance of this disease not only from this Colony but from the greater part of China and its decline throughout the world are due to factors which are not understood.*）

自那時開始，不知是運氣使然，醫療條件改善，又或者是這兩個因素同時起作用也罷，鼠疫便絕迹香江了。

老鼠箱在廿一世紀

只要多加留意，大家往往能在別的香港老照片裏找到老鼠箱。比如下面這幅攝於 1920 年代的照片，拍下了皇后大道中環段的街景，而在左邊電燈柱近地面位置，就掛着一個老鼠箱。

別忘了本篇開首的照片是攝於 1930 年代，亦即是在這十年之間，老鼠箱持續發揮功用。我把這些照片上載到 Gwulo 網站後，令人吃驚的是，竟然有網友稱，記得在 1970 年代後期，仍在香港見過這些老鼠箱！

儘管我們現在已不可能看到這些老鼠箱，但大家或許聽過一句俚語——「電燈柱（或杉）掛老鼠箱」，字面意思正正是「在電燈柱上掛着老鼠箱」，當然這句話實際上是形容那些身高差距很大的情侶。

老照② Altadena

這幅照片跟上一張出自同一組藏品，即同樣攝於 1930 年代中期，那唯一問題就是——在哪裏拍攝的？

同組藏品中還有別的照片拍下俯瞰維多利亞港的景色（如下圖），莫非相片中這座樓宇就在太平山某處？

我決定實地調查，沿着白加道走，結果來到了下圖中的地方。

馬路旁的小建築物看起來十分眼熟！

老照片裏的大樓如今已不復見，幸而路旁的小型車庫得以保存下來，並改建為變電站。儘管這個小車庫未被選入甚麼歷史建築之列，但見老照裏的景物活現眼前，已令人額手稱慶。

翻查 1930 年代的香港地圖，照片裏的樓宇名為 Altadena，此名字曾在好幾本關於戰時回憶的書籍上見過。有説那是美國標準石油公司旗下物業，供其數名員工居住，也許拍下這組照片的就是當中某一位？

戰火中的 Altadena

某次我在倫敦完成一場講座後，一位年長男士前來攀談。他憶述在 1941 年二戰期間還只是個小孩子，一家人住在山頂大廈（Peak Mansions）。由於該地區遭受日軍猛烈轟炸，他們一家不得不趕緊撤離到 Altadena 大樓暫避。到埗後，還有幾枚炮彈擊穿窗戶撞入屋內，幸好沒有爆炸。

他依然記得當時在場的幾位成年男士，如何抽籤決定由誰來處理那些破窗而入的炮彈。「贏家」們分別手執床單一角，再儘可能輕手輕腳地把炮彈移上去，接着提起床單運出屋外，完成簡單而有效的引爆程序——把炮彈拋入泳池！

Altadena 的職工在泳池前合照

不起眼的迷你轎車

最後一個從這幅照片挖出的故事，來自停泊在遠處的一輛汽車。那是一輛 Austin 7 轎車，坊間稱為 Baby Austin。

顧名思義，它是一款迷你轎車，故被稱作 Baby，而且僅配備一個小型引擎，馬力不高。如要用來每天代步上下山，選購這款車似乎比較奇怪。

一位 1930 年代在半山一帶長大的女士告訴我，她記得當年某位鄰居正是駕駛該款汽車。她解釋，半山區的道路原本是為人力轎而設，故路面甚為狹窄，只能算是行人小徑，而 Baby Austin 是唯一能夠在如斯窄道上行駛的汽車。

GRA
—OF
TH
"NUM
CONC
25TH
present
ORIGIN

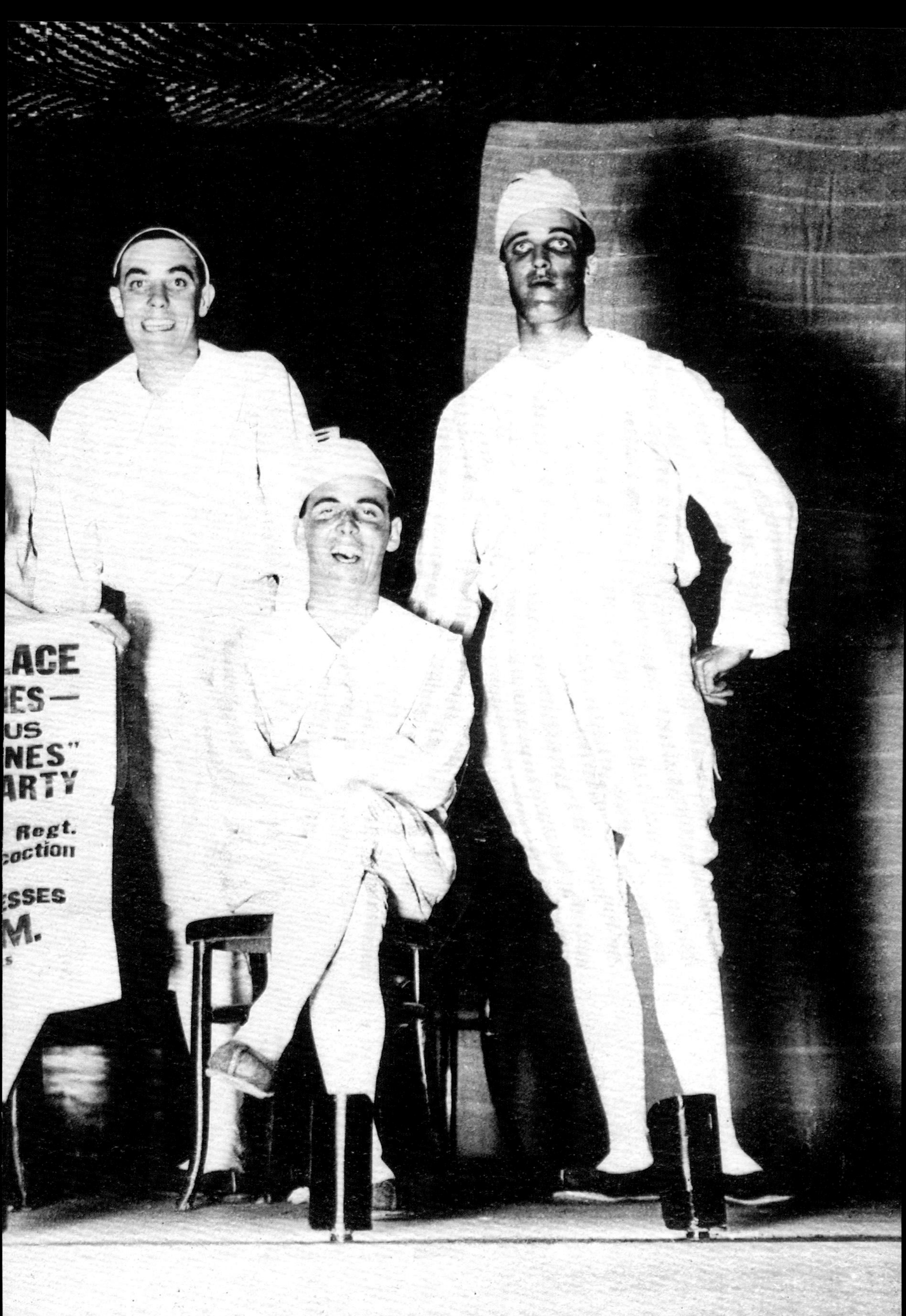
LACE
ES—
US
NES"
ARTY
Regt.
coction
ESSES
M.

老照③ 著名的「九號」

這是一幅充滿歡樂氣氛的團體照，前排居中的男士手持海報表明身份：

> 「著名的第 25 米杜息士團『九號』表演團」(*The famous 'Number Nines' concert party of the 25th Middlesex Regiment*)

他們對「9」字可謂情有獨鍾，在帽子與衣領都繡上多個「9」字徽飾，可惜算術似乎不太行——因為明明只得八個人呀。

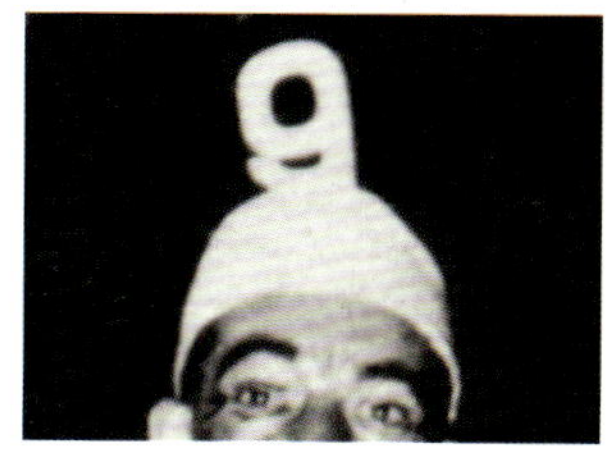

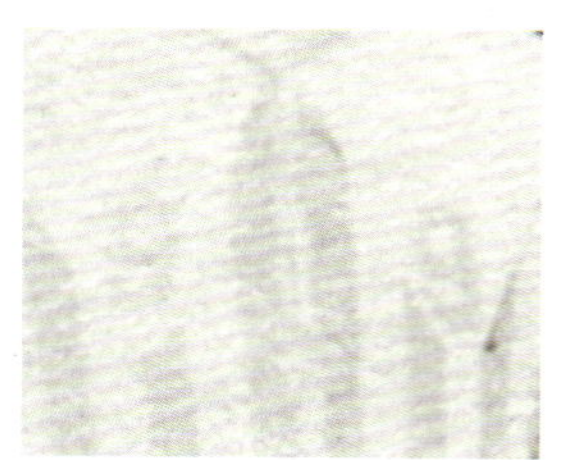

他們自稱「第 25 米杜息士團」(25th Middlesex Regiment),更準確的説法應是「米杜息士團第 25 營」(25th Battalion of the Middlesex Regiment)。

海報文案顯示他們身處 Grand Palace of Varieties,那是位於英國倫敦嘉立咸的一所大型音樂廳。不過他們穿着的中式布鞋透露了玄機。翻到照片背面,用鉛筆標註着——「在香港的聖誕表演」(Xmas Show Hong Kong)。

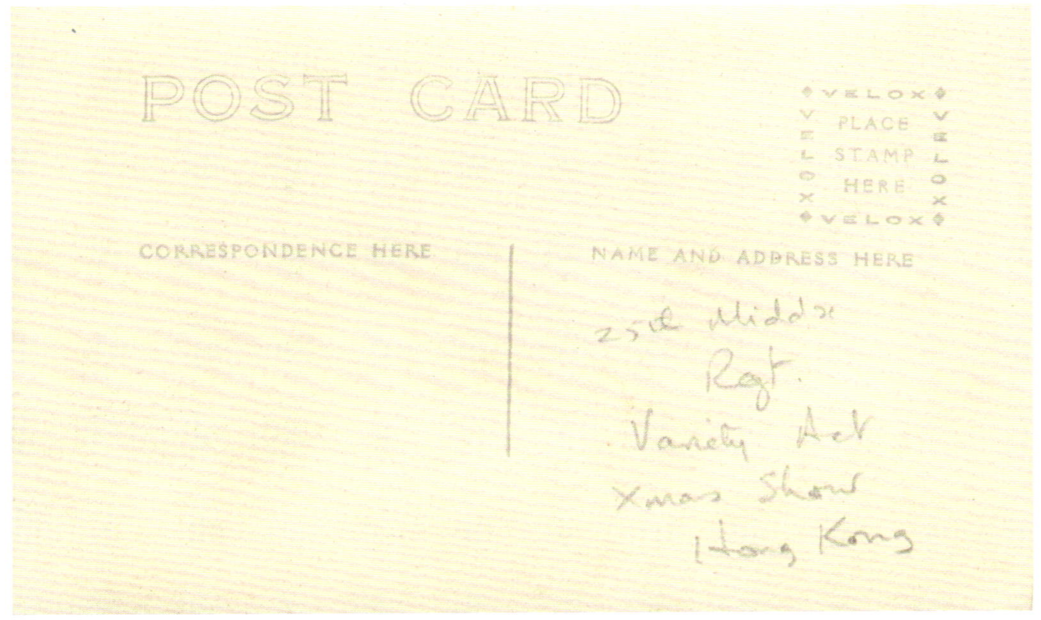

原來是聖誕節表演,難怪他們會作這種打扮,還設置舞台腳燈。餘下要解讀的是這幅老照片攝於何處,以及是哪一年的聖誕節。

第一條線索來自照片背面右上角的郵票框,顯示這張相片印在 Velox 相紙上。

舊時沒有手提電話或自拍棍,需要找一位專業攝影師親自操作相機「拍」在當下。攝影師當然樂於推薦顧客使用更大張、更昂貴的相紙來沖曬照片,但若預算不多,也可選擇這種明信片大小的 Velox 相紙。

而這款郵票框四角印有菱形圖案的 Velox 相紙,只在 1907 年至 1917 年間生產。

我們可依照相紙的生產期估算拍攝時間,再對照米杜息士團第 25 營的歷史,進一步收窄範圍:

- 1915 年,米杜息士團第 25 營組建,作為後備營。
- 1916 年,從後備營轉為駐防營,被派往遠東執行駐防任務。

- 1917 年，該營一半兵員留於新加坡，另一半則派駐香港。
- 1918 年，該營在香港匯整後，被派往海參崴加入西伯利亞遠征軍，對抗俄國的布爾什維克軍。

米杜息士團第 25 營唯一一次在香港過聖誕，應為 1917 年，故相信照片攝於該段時間。

表演場地是哪裏？

米杜息士團第 25 營留港期間，兵員駐紮於太平山頂的柯士甸山軍營（Mount Austin Barracks）。

位於山頂的柯士甸山軍營（後方遠處為奇力山）

柯士甸山軍營前身為柯士甸山酒店，酒店倒閉後，被香港政府買下再改建為軍營。莫非相片中的聖誕表演，就是在該處的原酒店宴會廳舉行？

最終從一份剪報中找到答案！報上列出了 1917 年 12 月 1 日石楠日（Heather Day）的慶祝活動表，其中包括：「著名的『九號』表演團在美利操場的 Grand Palace of Varieties

演出」。換言之，他們是在當時位於中環花園道的美利操場表演，即今天長江集團中心的位置。

米杜息士團第 25 營與 SS Tyndareus 號

其實米杜息士團第 25 營的兵員們抵達香港時已甚具名氣，因為他們之前曾遇上船難，該事故成了國際熱話，連英皇也曾對此留下訊息。

事源第 25 營兵員乘搭 SS Tyndareus 號從英國啟航前往香港，駛至非洲南端海域時，SS Tyndareus 號意外觸及一枚德軍水雷並爆炸。當艦隻開始沉沒之際，第 25 營的兵員們仍保持鎮靜，在甲板上列隊並高聲唱歌待命殿後，最終艦上所有人均獲其他趕抵施援的船隻救起。

米杜息士團第 25 營臨危不亂的表現，連遠在萬里之外的《紐約時報》（*New York Times*）亦有報導，英皇佐治五世更致函讚揚一眾兵員：

> 「請向米杜息士團該營的指揮官轉達，我對 Tyndareus 號事故中該營全體兵員的行動深表欽佩。他們的紀律和勇氣，無愧於載入英國陸軍史冊並永受珍視的伯肯黑德號光榮傳統。」（*Please express to the officers commanding the Battalion of the Middlesex Regiment my admiration of the conduct displayed by all ranks on the occasion of the accident to the Tyndareus. In their discipline and courage they worthily upheld the splendid tradition of the Birkenhead, ever cherished in the annals of the British Army.*）

在香港，山頂夏力道與克頓道交界處附近，曾經就 Tyndareus 號事故特別豎立了一塊紀念碑，該碑在 1993 年被移送英國收藏。

QUEENS ROAD CENTRAL
DURANTE
二天堂
建極萬年

老照④ 皇家巡遊盛典

相中那種大規模的巡遊，一般多見於慶祝在位君王的加冕典禮或週年慶。因此只要推斷出照片的拍攝年份，即可鎖定相應的歷史事件。

仔細觀察畫面，幸運地發現左上方唐樓柱子上貼了一張電影海報，這類宣傳品往往有助我們收窄拍照的時間範圍。右圖是經放大及校正處理後的圖像。

雖然不太清晰，但瞇眼細看，隱約見到海報上的電影名為 *Student Tour*，底部有中文片名《落花流水》。這齣電影由 Jimmy Durante（以「鼻子大」聞名）主演，於 1934 年 10 月上畫，由此推測照片拍攝的是 1935 年英皇佐治五世銀禧慶典會景巡遊。

在網上找到的歷史影像，進一步佐證了以上推測。影片裏剛好有下圖中的同一班人在鏡頭前走過。

影片開端還見到繡有「*Silver Jubilee Procession 6th May 1935 銀禧會景*」字樣的橫幅，確認了活動的日期以及跟英皇佐治五世有關。

萬人空巷

儘管巡遊只是連串慶祝活動的其中一部分，卻成了全城焦點。翌日報章如此描述當天盛況：

> 「……要說是萬人空巷，全港市民傾城而出齊來觀禮亦不為過，實屬殖民地史無前例之盛況。」(*... it would be no exaggeration to say that all Hong Kong turned out to watch what must be the greatest spectacle of its kind ever staged in the Colony.*)

這次巡遊不僅「全港市民傾城而出」，更吸引許多人遠道前來觀禮。在慶典的前一天，從廣州開出的特別班次列車載來逾萬名訪客，而再早一日也有多達六千位旅客抵港。

漫長一天

歡慶背後其實不乏辛酸——譬如那些需要長時間捧着巡遊表演裝置的工作人員。

誠然，相信會由多組人員輪流捧持裝置，但考慮到巡遊路線——從西環堅尼地城卑路乍街出發，沿皇后大道步行至銅鑼灣，再經德輔道西與海旁折返堅尼地城——全程長達七英里（逾十一公里）。在五月份的悶熱天氣下，單是徒步走這麼長的一段路已夠辛苦，遑論要高高抬起表演裝置。

當巡遊結束的一刻，這班工作人員應該會滿心歡喜吧——豈料當天的晚報宣佈，有鑑於觀賞者太多，有不少人無法看到巡遊，故翌日將加開一場巡遊！

拍攝位置

那麼，相中的巡遊畫面攝於何處？

電影海報上方剛好有路牌，標示着皇后大道中。根據資料紀錄，巡遊路線是從西環堅尼地城沿皇后大道往東行，故取景角度應為自西望向皇后大道中。

另一條線索來自照片最右邊的幾何圖案（見右圖），這應是臨時搭建的中式慶典拱門或牌樓裝飾，多見於大型節慶活動。據另一幅同樣攝於 1935 年的照片顯示，中環街市對出確曾搭建過一座橫跨皇后大道中的拱門。

綜合推斷，相信照片的拍攝地點為域多利皇后街交界處，鏡頭越過皇后大道中，對着電影海報懸掛處的閣麟街路口，定格了當刻的巡遊盛典。

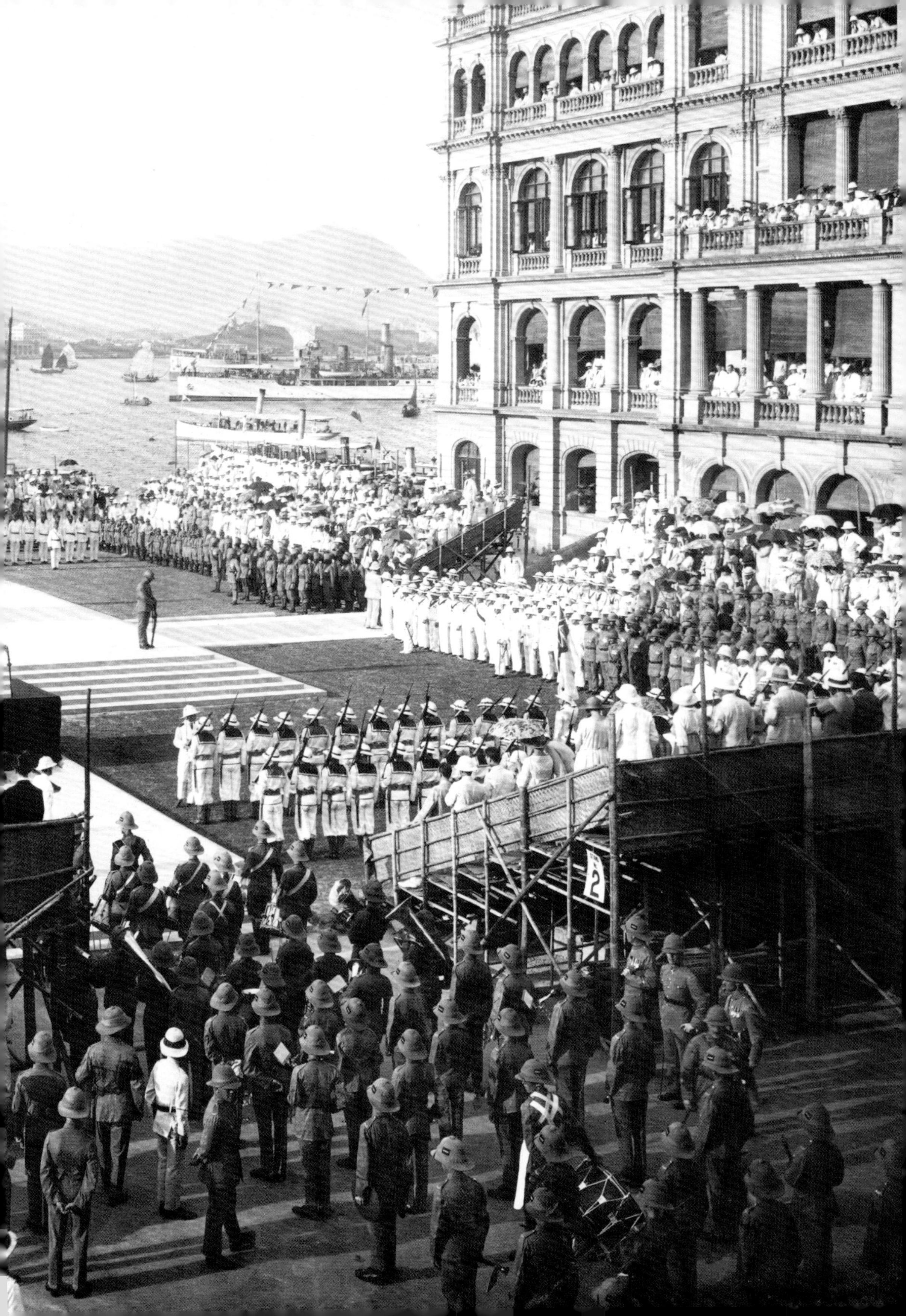

老照⑤ 和平紀念碑揭幕

拍照時維 1923 年 5 月 24 日大英帝國日（Empire Day，俗稱英國國慶）下午近傍晚時分，民眾群聚中環皇后像廣場，靜待時任港督司徒拔爵士（Sir R.E. Stubbs）到場，為新落成的和平紀念碑揭幕。

我們可從照片中辨別出不同身份的參禮人士。先由最靠近紀念碑、站在基座角落的三人談起吧。

據當時的報章記載，在儀式開始前，還會有第四人加入：

> 「在紀念碑基座的四角，都站了一位手持步槍、槍頭向下的士官，四人分別代表英國皇家海軍，深膚色的一位為孟買擲彈兵團[1]，穿卡其制服的是英國陸軍，餘下一位是香港義勇軍。」(*At each corner of the steps which constitute the base of the Cenotaph there stood, with arms reversed [i.e. rifles pointing downwards], a sailor of the Royal Navy, a dark skinned soldier of the Bombay Grenadiers, a khaki-clad 'Tommy' of the King's and a member of the Hongkong Volunteer Defence Force respectively.*)

在紀念碑基座四周空曠地方列隊圍繞者，大多數是現役英軍人員，但當中也不乏一些例外。

譬如在相片左側基座邊緣對開處，站了一批穿着休閒服的人，原來他們是曾經參與第一次世界大戰、現已解甲歸田的退役軍人，受邀見證紀念碑落成[2]。在廣場較後方位置，可看到一整排警察；而在最後方的遠處，則會見到有兩名戴着獨特式樣頭盔、穿上深色制服的消防員。

在相片右上方基座對開的區域，站有一群身高明顯比其他觀禮者矮了一截的人，他們是童子軍（Boy Scout）。

1　即英屬印度軍團。

2　編按：和平紀念碑是為紀念第一次世界大戰的殉難者而建造。

此外，還有一些在戰時曾與英國結盟共同抗敵的國家派員觀禮。由於揭幕禮當日剛巧有來自法國、美國及葡萄牙的海軍艦艇在香港停泊，故該國部分兵員獲邀作為代表參與典禮。

最亮眼的外國兵員代表，莫過於戴着特別式樣帽子的美國海軍人員，其中兩位美國水兵站在照片的左下角，餘下還有一大班坐在照片右上方的看台。

觀禮群眾

據報章記載，當日典禮現場聚集了大量民眾，不僅臨時搭建的看台站滿人……

> 「在廣場周邊建築物的陽台上也擠滿了人，而香港會所的開放式走廊更特別設置了座椅，供該會會員及其夫人觀禮時使用。」（*The verandahs overlooking the Square were thronged with people, whilst on those of the Hongkong Club seats had been specially erected for the accommodation of members and their wives.*）

香港會所大廈就是照片右側的那幢建築物。

揭幕時刻

在港督司徒拔爵士到場後，他先檢閱了儀仗隊及駐軍，隨後走到紀念碑正前方的平台上致辭：

> 「在座諸君，恐怕鮮有人沒有至親，或沒有摯友，這座紀念碑所銘刻的八十萬帝國英烈——包括海陸空三軍將士，以及商船隊的勇士們，我們在此向他們獻上最高的追思與敬意。」（*There are probably few of us here who had not relatives, none who*

had not dear friends, among the eight hundred thousand of the Empire's dead, to whom this monument is dedicated – men of the Army, the Navy, the Air Force, and the Mercantile Marine. We are here to pay to them our last tribute of affection and esteem.）

緊接着，他引用了古希臘名將伯里克里斯（Pericles）的悼詞，並以此作結：

「致永垂不朽的英烈，本人謹此為紀念碑揭幕。」（*To those men, whose name liveth for ever, I unveil this memorial.*）

際此一刻，他拉下繩索，覆蓋在碑上的巨大英國國旗應聲落下，和平紀念碑正式展露人前。

獻花群像

揭幕後，港督率先在紀念碑基座放上花圈，這是當天現場眾多花圈的第一個：

「直至黃昏，前來瞻仰紀念碑的人群依然絡繹不絕，放在基座上的花圈與花束也不斷增多。」（*There was a continuous stream of people visiting the Cenotaph until dusk and the collection of wreaths and bunches of flowers placed at the base of the memorial kept growing.*）

儘管本地花卉商人忙着為社會各界準備花圈與花束，但他們也不忘為此致意——場中還有一個十分巨型的十字花架，上面標識着「香港全體花商敬獻」。

CHING KONG
TAIKOO FOOK

老照⑥ 風災遺創

這張照片以及接下來的兩幅，均源出一本家庭相簿（本書的大部分照片為單張購入，但我偶爾會把整本相簿買下來）。我們先逐一細看每張照片，再從中探索有關這個家庭的故事。

觀乎這幅照片所呈現的天際線，明顯是九龍一帶的景色，估計拍攝地點靠近大角咀的大同船塢（Cosmopolitan Dock）[1]。這是相簿中多幅記錄 1906 年颱風襲港（丙午風災）後情況的照片之一，而這也是我們取得的第一項線索，意味着這個家庭在港的時間是 1906 年打風期間或風災後不久。

要感受颱風的威力，可以看看照片右側上方那艘名為 CHING KONG 號的船隻，風浪的巨大力量竟把它完全扯出水面。接着再觀察照片最右側，原來颱風的威力不單令船艇飽

1　編按：大同船塢早已拆卸，即今大同新邨所在地。

受摧殘，連陸上建築物也不能幸免，整個屋頂被掀走，只餘木支架。該相簿中還有別的照片，甚至拍下整幢建築物被風暴摧毀的畫面。

捷成洋行在西營盤的倉庫，攝於 1906 年風災後

一家之主的職業？

推斷出拍攝時間後，這些風災照片還留下甚麼線索呢？

除了上文先後提到大同船塢和 Jebsen & Co.（捷成洋行），還有 Butterfield & Swire（太古洋行），在照片下方靠前的半沉船隻，以及左側較遠處被風浪掀出水面的蒸汽輪船，分別是該公司旗下的 TAIKOO FOOK 號與 TAK HING 號。

TAIKOO FOOK（上圖）與 TAK HING 號（下圖）

可能有人會直接猜，這個家庭的一家之主可能是在上述提到的公司工作，但其實兩者未必有關連。因為這批照片是在颱風過後大量沖印，除了攝於何年何月之外，並未透露有關這個家庭的任何資訊。除非能找到一些帶有個人色彩的照片，否則便難以進一步探究了。

老照⑦ 巨型煙囪

這是出自前一篇所述那本家庭相簿的第二幅照片，拍下某個施工地盤。相片中是英國皇家海軍船塢擴建工程的一部分，地點為現時金鐘一帶，巨型煙囪的位置鄰近今天美國銀行中心所在地。

這項工程涉及填海造地，我們可憑照片中的一些建築物作出判斷：照片左側的石構建築早在此工程開始前已存在，標示着舊海岸線的位置；而右側的紅磚屋皆為新建，矗立於新的填海用地之上。

相片裏的巨型煙囪仍未卸下竹棚，但煙囪頂部看來剛剛竣工——這或許就是值得留影的原因吧。

儘管巨型煙囪令人印象深刻，而且是當時全港最高建築物之一，但出現在一本家庭相簿裏似乎有些不太合情理。我推測，這個家庭的一家之主應是跟這項工程有關的人員，因此才特意拍攝相片作為紀錄。翻查 1906 年度的陪審員名冊，顯示有一家名為 Punchard, Lowther & Co. 的新公司，全員投入此項工程；而名冊也列載了該公司的 14 名員工，莫非這位一家之主就是其中一人？

配套建築

相片中只有巨型煙囪孤零零地矗立着，但前方空地其實即將興建船塢的發電站。在 1900 年代，如此大規模的船塢，又或者像電車公司等大型基建，都不會依賴本地電力公司，而是自備發電鍋爐與機組。

在巨型煙囪的右方，可以見到一幢裝設了三扇圓窗的平房，那是抽水泵引擎室（Pumping engine house），用於抽乾隱藏在最右側船庫（Boathouse）後方的大型旱塢（Dry dock）。本書後續將更清晰呈現這個船塢的全貌。

工人群像

驟眼看，相片中的施工地盤好像空無一人，但把相片放大，再仔細觀察煙囪的基座位置，就會發現在相片右側打樁機旁站有幾組人員，正在埋首工作。

在那個年代，打樁所用的木柱，其實只是刨掉技節的樹幹原木而已，我們還能看到下一根待用樁木就橫置於打樁機的前方。這些樁木將成為發電站廠房的地基。

再觀察打樁機的右側，在沙堆的後面見到有另兩位工人，他們正在看顧着一台大型鍋爐——亦即打樁機的動力來源。

而在沙堆旁更往右一點的位置，還有工程地盤必備景像——試問工地豈能少了三三兩兩站在一旁無所事事的工人呢！

老照⑧ 茶敘與網球

這是來自同一本家庭相簿的第三張照片，拍攝的是幾位在打網球期間稍憩的女士——右方還放着四隻式樣精緻的茶杯呢。圖中坐在最右邊的那位女士，也曾在這本相簿的其他照片中出現，她可能就是這個家庭的女主人。

她在這幅照片的下方寫着：「網球 香港 1907（*Tennis Hong Kong 1907*）」，由是確認了這戶家庭在香港的時間。此外，相信這位女士一定常常打網球，因為相簿裏還有好幾幅跟網球有關的照片。回到 1907 年，人們通常會在甚麼地方打網球呢？這或許能為我們判斷這張照片的拍攝地點提供一點線索。

香港網球總會要在兩年後（即 1909 年）才成立，所以應該無法從網總查到有用的資料。而截至 1907 年，已創立二十多年，同時提供網球相關活動和設施的婦女遊樂會

（Ladies' Recreation Club，簡稱 LRC）[1]，可能會是拍攝地點。

不過，觀乎這張照片中的地形環境，看來又不像是婦女遊樂會的場地。

那會不會是私人網球場呢？根據一些半山區和山頂一帶的老照片顯示，當時有些房子設有私家網球場。細看此照片的背景，在樹木枝葉間見到一幢有中式瓦頂的建築物，這有可能是線索之一，而在後方山坡上則隱約見到一面護土牆。

這張照片的確切拍攝地點，以至於這本相簿的主人身份，暫仍成謎。我們只能判斷相簿屬於一對在 1906 年和 1907 年居於香港的夫妻，丈夫的工作很可能與皇家海軍船塢的擴建工程有關，而其妻子則是網球愛好者。儘管從這幾幅老照片中挖出的內容不多，但很感激來自各界的見解和資訊！

在離開網球場之前，不妨仔細想一想，這班在港四處走動，而且還是做網球這種體育運動的女士，竟然要穿着這種裝束——長及足踝的裙子、袖子長達手肘的上衣，還戴着帽子（可能還有面紗！）。

假如大家看着這個畫面之際，有點慶幸自己生於現代，相信照片中的淑女也許會深表同感。畢竟若把時間推前一些至維多利亞時代，按照當時的裝束風格，還會要求女士們穿戴裙撐（Bustle）和多層式襯裙（Multiple petticoats）呢。

接下來的幾張照片，我們將延續與時尚（Fashion）相關的主題。

---

1 編按：婦女遊樂會成立於 1883 年。

A CANTONESE BEFORE THE REVOLUTION OF 1911.

A Cantonese after the Revolution of 1911.

老照⑨ 告别辮子

這兩幅附有標題的照片，出處頗令人意外——來自一張聖誕賀卡。

賀卡的外觀設計成小冊子般，精美封面上印有皇冠連字母縮寫，以及文字「香港 1912（*Hong Kong 1912*）」。

打開聖誕卡會見到一段文字「The Withycombes，皇家約克郡輕步兵團第一營」（*The Withycombes, 1st Battalion, The King's Own Yorkshire Light Infantry*），接着就是這兩幅照片（右圖）。

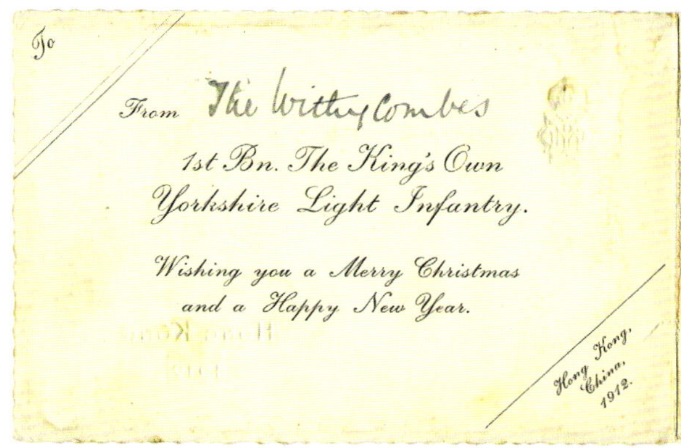

A CANTONESE BEFORE THE REVOLUTION OF 1911.

A CANTONESE AFTER THE REVOLUTION OF 1911.

據了解，皇家約克郡輕步兵團於 1908 至 1913 年駐港，即此卡應是在他們駐紮期末段發出。

回到 1912 年，中國男子剪掉長辮，以及其背後所代表的革命成功，是香港的大新聞。

「剃髮留辮」原本是滿族人的髮型，具體為：剃去前額所有頭髮，僅留後腦勺的頭髮不剪，並且編成長長的辮子。當滿族在十七世紀中葉征服中國後，下令強制境內漢族男子全部改留這種髮型，同時亦藉此識別誰人還在抗拒滿族政權的統治。漢族人只有兩個選擇——「留頭不留髮，留髮不留頭」。

此後二百多年，中國男性的標準髮型一律為束長辮和剃光前額全部頭髮，直至 1911 年辛亥革命成功為止。同年 12 月，革命政府頒令廢止了這個舊髮型。面對政府頒佈的命令，尋常老百姓依舊無權選擇 ，只能順應政府的強制剪辮令。

而皇家約克郡輕步兵團在製作這張聖誕卡時，巧妙迴避了滿族髮型的細節，儘管他們所挑選的模特兒，的確留着令人印象深刻的長辮。

然而，模特兒沒有剃光前額的頭髮。該髮型實際上應像以下這張照片才對。

我懷疑收到這張賀卡的英國女士有否注意到上述這一點，她們也許只會覺得照片中的髮型充滿異域風情吧。然而，此一老照故事的奧妙在於——女士她們可能早已不自覺地接觸到這些長辮！

髮墊與髮片

這場大規模的剪辮運動，很快被人發掘出箇中商機。以下內容摘自 1912 年的一份香港政府公文，談及灣仔道的某一處所：

> 「收到一份牌照申請，欲在上址經營令人反感的業務，名為清理人類頭髮……此性質之業務已在上址運作數月。」（*An application has been received for a licence to carry on an offensive trade, namely the cleaning of human hair, at the above address. [...] work of the above nature has been carried on here for some months.*）

同年有另一份報告解釋了，被人剪下來的辮子，經清潔後的去向：

「現時全中國數以千計的理髮師忙得不可開交，伴隨大量華人頭髮輸往歐美，以製成髮墊與髮片（均為女性用假髮配件）。」（*Today, thousands of Chinese barbers all over the country are doing a rushing business, and vast quantities of Chinese hair are being exported to be made into the rats and switches [i.e. hairpieces for women's hairstyles] for European and American ladies.*）

換言之，在收到聖誕卡的約克郡淑女衣櫃裏，可能早已掛着幾個用華人髮辮織製的假髮配件了！

1912 年 Sears, Roebuck & Co. 商品目錄內展示的女性用假髮片

HAIR SWITCHES

Send Us Your Orders and Save One Half. Satisfaction and a Perfect Match Guaranteed.

Our New Process Triple Refined Three-Stem Switches.

No. 18H4458 Through the means of a secret refining process, only recently perfected, we are now able to offer our customers a quality of genuine human wavy hair which can only be distinguished by experts from first growth natural wavy imported French hair.

match almost every shade, except grays, in this new
Ve offer these switches in the three-stem style only,
you can produce any hair dressing that can be accom-
h your own hair divided into three parts, or make into
braid if desired. These switches are all silk mounted
nly slightly higher in price than our Standard quality
ow, but are in more generous weights.

Length	Price
20 inches	$2.75
24 inches	4.45
26 inches	5.65
28 inches	6.95
30 inches	8.50

andard Quality Three-Stem Switches.

H4457 Our standard quality is of genuine human
, refined and all silk mounted, a better switch for the
n any dealer can offer. While our New Process Three-
ch must receive our highest unqualified recommenda-
Standard quality will be found an excellent value at
ely low price. We can furnish all ordinary shades,
ack, brown and dark blond. No gray at these prices.

Length	Price
22 inches	$1.98
24 inches	2.85
26 inches	3.60
30 inches	4.95

, auburn, extreme blonds or drab shades, order No.

Our Special Offer on Good Quality Wavy Switches.

No. 18H4376 Buy one of these handsome lustrous switches. Compare it for quality and price with any dealer's goods you choose, and if you are not satisfied that it is far greater value for the money, return it at our expense. Made of carefully selected good quality genuine human hair, with a beautiful and permanent wave. All short stems, nicely made. Prices for all ordinary shades as foll
gray at these prices.

Weight	Length	Price	Weight	Length
1½ ounces	18 inches	$0.95	3 ounces	26 inches
1¾ ounces	20 inches	1.48	3¼ ounces	28 inches
2 ounces	22 inches	2.15	3½ ounces	30 inches
2½ ounces	24 inches	2.75	4 ounces	32 inches

For gray, red, light blond or drab shades, order No. 1
allowing 50 per cent more than the prices quoted. For ex
you want a 1½-ounce 18-inch extra shade switch, send us $

Finest French Hair Switches.

No. 18H4377 Our very finest quality French Hair Swi
naturally wavy, soft and lustrous, much finer and more beaut
switches sold by the average dealer as first quality. If you
ing for the very best in switches and are willing to pay jus
more, you will find this fine quality a rare value for the mon
Beautifully made, all silk mounted and guaranteed full we
length. No gray at these prices.

Weight	Length	Price	Weight	Length
1 ounce	18 inches	$ 2.25	2½ ounces	24 inches
1 ounce	20 inches	2.69	2¾ ounces	26 inches
1½ ounces	20 inches	3.45	3 ounces	28 inches
2 ounces	22 inches	4.95	3½ ounces	30 inches

For gray, red, light blond or drab shades, order No. 1
and allow 50 per cent more than the prices quoted. For ex
you want a 1-ounce 18-inch extra shade switch, send us $3.

Straight Gray Hair Switches.

No. 18H4374 Most dealers ask exorbitant prices for all hair switches in any shade of gray. Our enormous output enables us to offer these rare values at but only slight advances over ordinary prices. The prices for straight gray or gray mixed switches which follow are for any shade more than slightly sprinkled, but not more than three-quarters gray.

Weight	Length	Price
1 ounce	18 inches	$1.88
1½ ounces	18 inches	2.25
1¾ ounces	20 inches	2.95
2 ounces	22 inches	3.45
2½ ounces	24 inches	3.98
3 ounces	26 inches	4.75

Beautiful Wavy Gray Switches.

No. 18H4378 Our prices for wavy gray hair switches are only slightly higher than the prices asked for the straight quality, being of the same high standard, the slight difference being necessary on account of the greater scarcity of wavy hair. The following prices are for shades more than sprinkled, but no more than three-quarters gray.

Weight	Length	Price
1 ounce	18 inches	$2.25
1½ ounces	18 inches	2.95
1¾ ounces	20 inches	3.69
2 ounces	22 inches	4.48
2½ ounces	24 inches	5.25

How to Order Hair.

First—Read our descriptions carefully.

Second—Make a note of the catalog number, size, weight and price quoted.

Third—Enclose a long sample of your hair, cut as close to the roots as possible (no combings), and see that it is well tied together.

If your hair is darker at the roots than at the ends, state whether you desire us to match the dark or light part.

Fourth—Enclose our price, with 5 cents extra for postage if mail shipment, mail us the order and we will deliver promptly and assume all the risk of satisfying you.

Time Required to Fill Orders.

Hair switches or braids, five to eight days if ordinary shades; eight to fifteen days if difficult extra shades.

Fancy headdresses, curls, pompadours, etc., eight to twelve days, according to shade and style.

We usually handle orders in

Our Great Value XX Quality Straight Hair Switches at Reduced Prices.

No. 18H4371 Our XX quality switches are too well known to our customers to require long description. They are the switches upon whose merit we established our tremendous hair goods business. Made of extra selected genuine human hair, all with short stems. Guaranteed full weight and length and absolutely sanitary. Prices for all ordinary shades:

Weight	Length	Price
1¾ ounces	20 inches	$0.89
2 ounces	22 inches	1.19
3 ounces	22 inches	1.68
3 ounces	24 inches	1.98
3 ounces	28 inches	2.48
3½ ounces	28 inches	3.25

If your hair is blond, auburn or drab order No. 18H4373 or No. 18H4458. If your hair is more than sprinkled gray order No. 18H4374 or No. 18H4378.

Genuine Imported Refined Straight Hair Switches.

No. 18H4373 This beautiful quality can scarcely be distinguished from first growth natural cut hair, being very fine and soft. In addition to ordinary shades of brown, black, blond, etc., we can supply almost every possible shade, commonly known as "extra," without increase in price. The prices quoted below are for all shades except gray and white. The switches are all pure silk mounted and beautifully made. Be sure to send long sample for matching.

331

老照 ⑩ 飛來波鐘形帽[1]

當大家翻到前頁的照片時，會否感到一絲寒意？坐在轎上的女子正在冷眼凝視着我們——倒不是因她身披厚重皮草大衣故望而生「寒」。

相片的拍攝地點為中環皇后像廣場，鏡頭朝西，以皇后像廣場盡處的遮打道為背景，也看到遮打道兩旁的太子行（Prince's Building）[2] 與皇后行（Queen's Building）[3]。

皇后像廣場之得名，源於歷年來在此矗立的多尊銅像，在這幅照片中也可窺見其中兩座銅像的片鱗半爪。在照片左上方見到較模糊的雕像基座，為瑪麗皇后（Queen Mary，英皇佐治五世之妻）的銅像；而在右邊轎夫的身後，則可看到維多利亞女皇（Queen Victoria，英皇佐治五世之祖母）銅像的圍欄。

1　編按：飛來波為 Flapper 之音譯，是一種自 1920 年代在歐美興起的時尚女性文化，特點包括追求獨立和勇於表達己見，外觀講究華麗復古的服飾、波比頭短髮（Bob cut）、煙燻妝等。

2　編按：圖中應是第一代的太子行，即今太子大廈之前身。

3　編按：皇后行於 1960 年代中期拆卸，即今香港文華東方酒店位置。

絕大多數立於皇后像廣場的雕像，都與英國皇室有關（因此這個廣場別稱「皇家廣場」），但並非必然。比如在皇后像廣場朝維多利亞港一側，曾豎立港督梅含理爵士（Sir Henry May）的銅像，以及英文名為“Fame”的「滙豐銀行紀念第一次世界大戰犧牲職員銅像」。滙豐銀行另於廣場南側放置了昃臣爵士（Sir Thomas Jackson）[4] 的銅像，這亦是如今皇后像廣場內碩果僅存的唯一一尊銅像了。

言歸正傳，返回時尚主題。我們只要快速比對一下相中女子與轎夫的裝束，即可辨別何為華麗盛裝，何為純機能服。

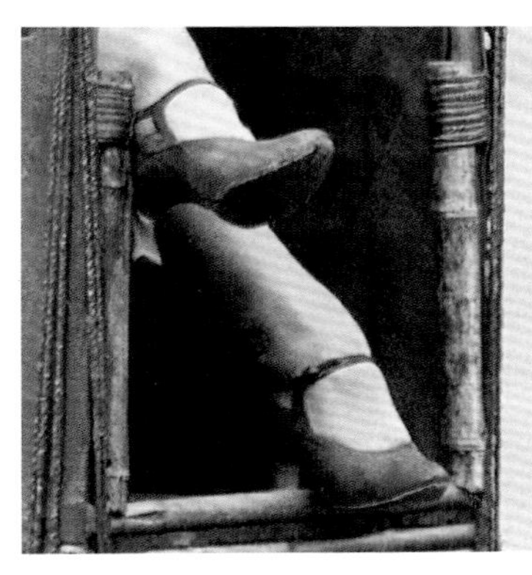

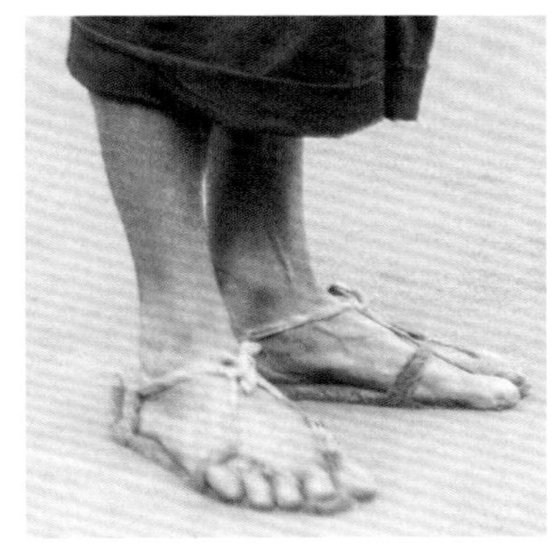

轎夫頭上戴着闊邊帽，有助抵禦日曬雨淋，而他身上的衣衫均為寬鬆剪裁，方便軀體活動，雙足亦穿上草鞋以防路面摩擦刮傷。再看乘轎女子，她身披皮草大衣，可推測拍攝時為冬季，同時也顯得轎夫裝束過分單薄。不過，照片中的人力轎通常用於往返半山陡斜路程，十分吃力，相信轎夫開工不久就不覺冷了。

相中女士所戴的帽飾還有一項實用功能——幫助我們推斷拍攝時間。據知此款「飛來波鐘形帽」（Flapper Cloche）流行於 1920 年代後期，相信照片正是攝於該段時間。

4　編按：昃臣爵士為滙豐銀行第三任大班，因他對滙豐以及本地經濟發展之貢獻而獲立像紀念。

老照⑪ 香港仔小販

相片中這位婦女的穿着不只方便工作，也兼顧其照顧孩子的母職需要。她利用當時似乎相當流行的布帶（俗稱「孭帶」），將嬰孩裹在背上，同時特意選戴了非常大的闊邊帽，既為自己、也為孩子稍稍遮陽擋雨。

在那個年代，若婦女沒有家人可付託暫時照顧嬰孩，那在外出工作期間，往往會像這樣一併把幼兒帶在身邊。而她這份工作需要搬運不少東西，包括兩個盛滿了本地產蔬菜的大竹筐。觀乎相片左邊的大竹筐邊緣露出了半個秤盤，判斷這婦人是一名流動菜販。

攝影師在照片背面記下了婦人的行蹤：

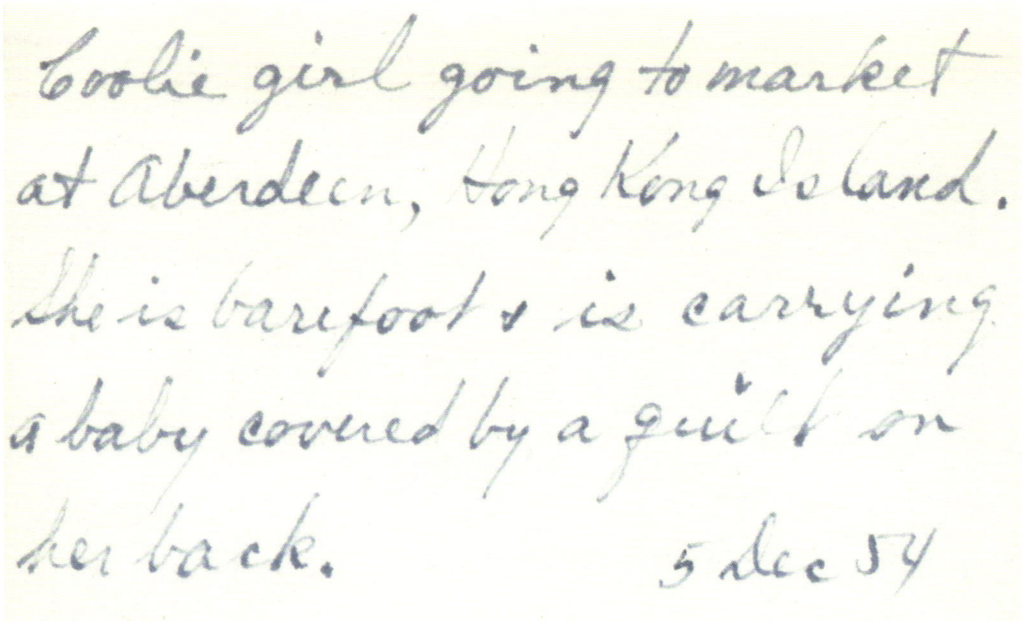

Coolie girl going to market
at Aberdeen, Hong Kong Island.
She is barefoot & is carrying
a baby covered by a quilt on
her back. 5 Dec 54

苦力女子正前赴香港仔的市集。她赤着雙足，用被子將嬰孩裹在背上。攝於 1954 年 12 月 5 日（Coolie girl going to market at Aberdeen, Hong Kong Island. She is barefoot & is carrying a baby covered by a quilt on her back. 5 Dec 1954）

我推測，這位女小販的銷售對象為香港仔的水上人，理由是照片背景隱約見到海上聚集大量舢舨，那邊應是香港仔對開的避風塘——士丹頓灣（Staunton's Creek，又名涌尾，於 1960 年代因填海而消失），早年曾有一個大型水上人社區在該處存在。

老照 ⑫ 鶴咀（德忌立角）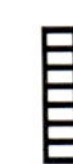

這次相中人的帽子風格跟前兩張照片又截然不同！讓我們翻到相片背面，看看葫蘆裏賣甚麼藥。

Hong Kong
'China
May/18.

Telephone and look-out hut at
Cape D'Aguilar S.S.

照片攝於 1918 年 5 月，拍下鶴咀（又稱德忌立角）訊號站（Cape D'Aguilar Signal Station）內的「電話及瞭望台」（Telephone and look-out hut）。鶴咀可清楚監察到駛進維多利亞港東面水域的船隻，的確是設置瞭望台的理想位置。

在那個年代，上文提到的電話很可能仍是透過固網電線連接，所以無法用來跟船隻通話。無線電技術早在相片拍攝時間的數年之前已問世，相中人也有可能是使用該種「新科技」，不過這兩人與海上船隻之間，似乎仍倚賴更老舊的通訊方式：透過斷續着亮照片左側的燈箱發出訊息，然後再用望遠鏡觀看船隻的回應。

在香港政府船政司（Harbour master）每年發表的報告中亦曾提及鶴咀訊號站，然而根據 1905 年的報告所載，該訊號站已關閉，由橫瀾島上新設的訊號站所取代。那麼來到 1918 年，相中兩人到底是何方人員？在鶴咀訊號站做甚麼？

兩人的帽子會否帶來線索？

我一度猜測這兩位是英國皇家海軍，理由是相片中左側男子的海員帽上有錨形帽徽，以及另一人頭戴水手圓帽。

但有一位讀者指我的想法有誤，因為按照英國皇家海軍的規定，兵員一律只能選擇不留鬚或蓄大鬍子，禁止留鬍髭（即「二撇雞」）。另有讀者確認，戴着第二圖中那款水手圓帽的男子，應為皇家海軍陸戰隊輕步兵團（Royal Marine Light Infantry）的成員。

查到這裏，只能向專家求證。我把這幅照片上傳到一個專業的帽徽收藏家論壇後，不出數小時即獲多方確認，那個錨形帽徽屬於米杜息士團。我們在前文〈老照 3　著名的「九號」〉中研究過，米杜息士團確曾於 1917 年至 1918 年間被派駐香港，這就説得通了。

雖然確立了相中人所屬部隊，但他們在做甚麼則仍是未解之謎。理論上瞭望台的功能是監察敵國船艦動向，但考慮到 1918 年的區內局勢，他們能夠發現敵艦蹤影的機會是零。因為當時距離香港最近的「敵軍」，應為原本駐紮於山東青島的德國東亞分艦隊（German East Asia Squadron），但該艦隊早於 1914 年已撤出區內。而日本在二戰時是敵對國，但往前推到 1918 年，英、日仍屬盟友。

給讀者的小練習

假如大家熟悉現時鶴咀一帶的情況，有沒有見到瞭望台的殘跡？木製樑柱和屋頂等當然早已不復存在，但堅固的石牆、基座等，總會留下些斷壁殘構吧。

關鍵線索藏在相片左側男子右手肘旁，隱約見到屋內掛牆時鐘，以下是經影像強化處理後的放大畫面。

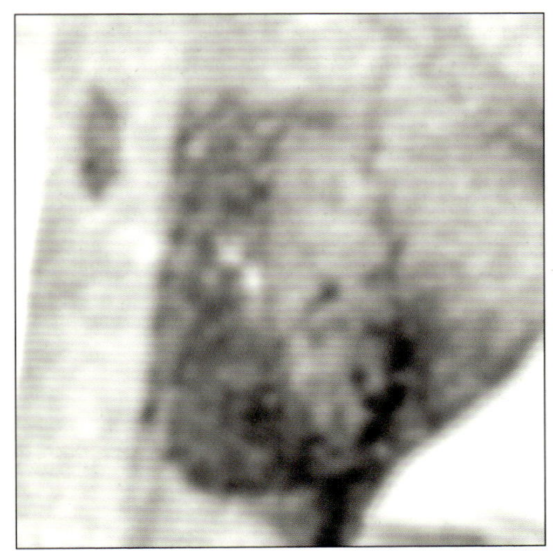

鐘面時分針顯示，照片大約攝於上午九時四十分；再根據掀起的木窗投影，推斷建築物正面朝向太陽，即瞭望台的座向大致為東南方。相中建築物倘有殘跡，相信會在鶴咀東南邊，視野較開闊的某處地方。

老照⑬ 刺槍訓練

由於這幅照片沒附帶任何手寫文字標註，所以我們只能儘量挖掘相中任何蛛絲馬迹，再推敲背後故事。

先從畫面説起，場景一目了然，這些士兵正在進行刺槍訓練：用槍管上的尖刀先後刺戳地上的墊包和豎立的人形靶，然後繼續往前跑。他們頭戴淺色遮陽帽（Pith helmet），這款裝備説明照片是在第二次世界大戰之前拍攝的；再看眾人身穿的衣褲式樣雜亂不一，估計他們是由香港本地居民組成的志願兵，並非正規軍人。

這幅照片被沖曬並印製成明信片，因此我們可按照第三幅老照片的做法，先看看明信片背面的郵票框（見小圖）。這種「K Ltd」相紙僅於 1918 年至 1936 年之間生產。最後一項線索來自照片的紙封套，上面印着“Kwong Lam Studio, Tel 32100, 12 Hennessy Road, Hong Kong”（光林攝影院，電話：叁式一零零，香港軒尼詩道十式號）。相信這幅照片的沖印時間應介乎 1930 年代初（在軒尼詩道這幅新填海用地上，剛落成第一批樓宇）至 1936 年（這款相紙停產）之間，折衷估計，這張照片大約攝於 1933 年。

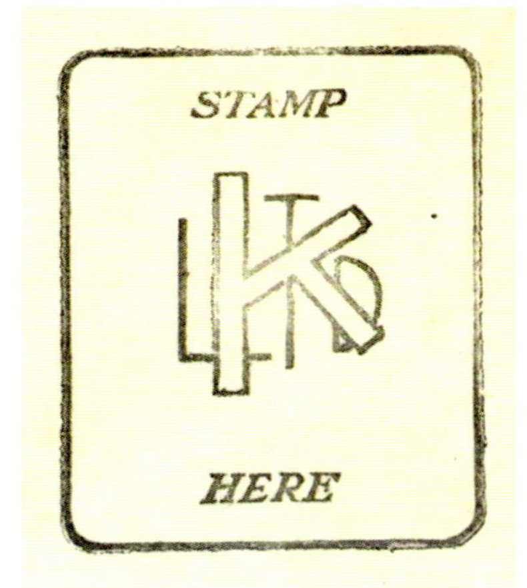

至於照片的拍攝地點暫無頭緒，我們再細看畫面，士兵在沙地上訓練，背景略遠處是一片用圍桿欄起來的區域，內有一所簡單建築物，旁為一塊設有通風管道的小土丘。此外，拍攝者的位置明顯高於這班人，或許身處附近某所建築的屋頂上。

有人推測這是昂船洲，因志願軍經常到該處進行訓練，但暫時我還未有別的照片可佐證這一點。如果有人能認出相中地點，也請告訴我。

老照⑭ 小女童軍

這幅相也被沖印成了明信片，讓我們故技重施判斷其拍攝時間。

翻到明信片背面，這款使用「兩個三角形朝上、兩個三角形朝下」式樣郵票框的是 AZO 相紙，其生產年份介乎 1910 至 1930 年。

要說是 1910 年就太早了，因為香港第一隊女童軍要到 1916 年才成立。而我所能找到最早的相關報導，來自一份 1922 年的舊報紙。由此推斷，這張照片應是在 1922 年至 1930 年之間拍攝。

可惜這次相中人的服飾無助於判斷拍攝時間。我的幼女在數年之前也當上小女童軍，她一眼就能認出照片內的制服和物品——小女童軍圈內的菇狀道具，以及道具上印着的小棕仙圖案。

換言之，1920 年代跟現代的小女童軍，兩者看起來並無太大差別！

另一方面，這幅照片跟上一張同樣遇上難以確認拍攝地點的問題。據了解，1923 年香港共有五支小女童軍隊：九龍第一隊（1st Kowloon Co.）、九龍第二隊（2nd Kowloon Co.）、美利第一隊（1st Murray Co.，由香港英軍學校的駐港英軍子女組成）、灣仔第一隊（1st Wanchai）和太平山隊（Peak）。至 1926 年，則改為太平山、香港英軍學校（Garrison School）、鰂魚涌和九龍共四支小女童軍隊。

照片裏還有兩項線索——右邊有一支旗桿，以及隱約看到草地畫有運動場標記，因此這地方或許是某個軍事場地？歡迎大家集思廣益。

這真的是香港嗎？

由於缺乏足夠資料確認拍攝地點，我們只能相信照片賣家所稱，這是一幅香港老照片。在大多數情況下，由於照片源自留有第一手標註的相簿，所以能弄清楚其來歷，否則只能交由賣家自行判斷。偶爾有些不誠實的照片賣家，會胡亂地把舊照片標示為「香港」，藉以抬高叫價，買家須小心！

MORINAGA'S MILK CARAMELS

屈地街
總代理三井洋行

老照⑮ 毀壞的電車

我們研究老照片時，並不局限於觀察相中人的衣着服飾，不論是香港的街道、電車，乃至朱古力的時代變遷，都能幫助我們判斷相片的拍攝時間。

街道

在二十世紀初，東行電車駛進灣仔時需要轉兩個急彎：先從皇后大道向左急轉進入軍器廠街，接着在駛到舊海濱時再往右急轉。這幅照片拍攝的正是第二個急彎，亦即軍器廠街與舊海濱的交匯處，大約是今天軍器廠街與駱克道的交界處。

直至 1920 年代灣仔一帶完成大型填海工程後，情況全部改變。首先，相片中的位置不再是海濱。不久之後，電車路線被重新規劃為目前我們看到的模樣，從此電車不再駛入軍器廠街。

以上正是我們評估這幅相片攝於何時的第一條線索——在灣仔完成填海工程之前，即 1920 年代中期或更早的時間。

朱古力

第二條線索來自電車車身廣告上的「森永焦糖牛奶糖」（Morinaga's Milk Caramels）和「森永朱……」（Morinaga's Ch...）。

森永是日本一家糖果生產商，至今天仍在營運，亦一直有售賣焦糖牛奶糖和朱古力。該公司於 1914 年才推出焦糖牛奶糖，換言之這張照片不可能早於該年。

電車

1904 年電車開始在香港投入服務時，只有單層車廂；直到 1911 年後才陸續引入雙層車廂，但上層無遮無掩，乘客必須抵受日曬雨淋。至 1913 年雙層電車添置了帆布帳篷，亦即是這幅照片上所見的電車。此型號的電車由 1913 年開始使用，直到大約 1924 年退役，時間剛好與前兩項線索吻合。

要找出確切的拍攝時間，不妨更仔細地觀察電車的損壞狀況。相片左側的電車沒了帆布帳篷，中間的電車雖仍留有帆布但支架已彎曲。至於右側電車的帆布帳篷和支架更是同時丟失（在相片最右邊，還可以看到掉落地上的帳篷一角），連前窗也損毀了，這反映電車所受衝擊之猛。最後還要留意濕漉漉的地面，以及相片左方沿海濱站立的望海群眾。

上述種種跡象似乎指向風暴過後不久的時間。我們只要再翻查相關紀錄，即可判斷拍照時間。時維 1923 年 8 月，香港曾受強颱吹襲（編按：癸亥風災），當年的報紙也有報導多輛電車因此受損的情況。這幅照片是在打風之後拍攝的，定格了毀壞電車返回電車廠房的一刻。

老照⑯ 1886 年俯瞰中環

本書壓軸的一系列照片，拍攝時間跨度粗略估計長達八十年，畫面一律是從高處俯攝中環。這個極受歡迎的景點——旅客訪港通常會第一時間登上太平山山頂——留下了許多不同版本的照片。在市場上遇到這類照片的頻率實在太高了，以致於我剛開始蒐集老照片時，常認為「那只是另一款山頂俯瞰照片而已」，不予理會。然而，香港的變化是那麼迅速，我逐漸對這些攝於不同年代的同景觀照片感到興趣，希望藉此追尋中環的發展軌跡。

第一幅是本人藏品裏「最老」的照片之一，拍攝時間距今超逾一個世紀。讓我們借助畫面中的某些地標，縮窄其年份範圍。

首先從照片前景正中央着手，那裏有幾片淺色的長方形土地，屬於婦女遊樂會轄下的網球場。該會創於 1883 年，故這張照片不可能早於那一年拍攝。

接着觀察照片左方，位於半山堅道的聖母無原罪主教座堂（Roman Catholic Cathedral，下文簡稱主教座堂）。

拍照之際，主教座堂的門廊尖拱已經竣工，惟因座堂的牆壁、屋頂或窗戶等尚未建成，我們的視線可以直接穿過尖拱看到另一側，這對判斷年份大有幫助。查主教座堂於 1883 年 12 月 8 日安放奠基石，至 1888 年 12 月 7 日舉行首次獻祭，翌日正式對外開放啟用——即照片必然是在這五年之間所拍攝。

再看下方山腳位置，見到座落於皇后大道與畢打街（當時名為必打街，下文為方便理解仍用畢打街）交界的舊鐘樓（又名畢打街鐘樓）。

作為那些年區內最高的建築物，畢打街鐘樓除了報時作用，還有別的功能。其鐘面到晚上會被照亮，假如你正在划艇或乘搭小輪前往位於畢打街盡頭的碼頭（必打步頭），鐘樓就成了理想的「燈塔」了。

畢打街鐘樓右邊的建築物是香港大酒店（Hong Kong Hotel）的早期版本，沿着皇后大道再往東稍移，我們來到第二代滙豐總行大廈，並看到它那標誌性的圓拱樓頂。

1886 年 8 月有一篇報紙文章報導匯豐啟用第二代總行大廈，但文中也補充：

> 「……雖然銀行正逐步遷入其中，但無論如何，新大樓還需要至少六個月才能正式竣工。」（*...although the Bank is being removed into it, the building is far from completed, and it will not be finished, at all events, within six months.*）

細看照片裏的第二代滙豐總行大廈，北面外牆仍被竹棚覆蓋着，攝影師恰巧捕捉到報紙描述的工程狀況，故可推斷其攝於 1886 年。

在繼續探索之前，讓我們多看看另外幾個地標吧。照片最右側的邊沿，那同時是中環民用公眾地帶的邊沿，若再往東移，便是英國陸軍與海軍的專屬軍事用地了。

就在那條軍民用地界線前，可以清楚見到聖約翰座堂的塔樓，而聖約翰座堂上方（即更靠海濱的方向）有一塊平地，那是美利操場，操場更上方是一整排沿着皇后大道延伸的樹木，再往上看到另一片更大面積的平地，旁邊建有一個亭樓，那個是香港木球會球場，亦即是今天遮打花園的位置，再往外便是維多利亞港海濱。我不禁好奇，究竟曾有多少顆球被擊飛墮海？

視線跨越維港來到對岸的尖沙咀，那時看起來仍充滿鄉郊氣息，最前瑞還是一片原始沙嘴，以至於十九世紀曾有報章報導海龜在該處產卵的消息。

老照⑰ 1907年俯瞰中環

我們一下子跳到約二十年後。首先再找找畢打街鐘樓以便定位，它就在相片正中央左上方十一點鐘方向。

不過這座鐘樓的存在已經進入倒數。隨着港島道路上的車流量日益增多，這座矗立於繁忙路口的鐘樓被視為「阻礙交通發展」，最終在 1913 年遭拆卸。

從鐘樓往右看，有一幢看起來還未完工的建築物，如果看得更仔細，會發現有一些傾斜的木柱在支撐着牆身。該建築物其實是香港大酒店的一部分。相較於上一張照片，香港大酒店已經向北擴展至德輔道，樓層也變高了，現在相中顯示的是酒店北翼和中翼，兩者均有六層樓高。

就在這張照片拍攝前不久，香港大酒店靠近鐘樓轉角、最早落成的那部分正進行翻新工

程。惟施工期間，那部分突然倒塌，最終不得不完全拆除。這事故解釋了畫面中何以會出現空地和支撐柱，也佐證照片攝於 1907 年。

在香港大酒店的左上方靠近海濱處，會看到有一片「模糊地帶」，那其實是正在興建的新郵政總局（編按：第三代郵政總局），那一片「模糊」是工地的竹棚。

往右（亦即是往東）看還有好幾幢高樓，全是近十年內才落成的「新」建築物。右側最大的兩幢分別是皇后行（附有塔樓）和太子行，兩者與其餘建築物之間隔着雪廠街，街道盡頭為天星碼頭。雖然碼頭被建築物遮着，但還能看到幾艘正在往返的渡輪。

在相片的前景，再次看到婦女遊樂會的網球場。在 1880 年代的照片裏，球場四周仍被樹林環繞。但這幅相中的半山區已經開始發展，球場置身建築群之間。

在婦女遊樂會網球場上方的是舊山頂道，如果你曾經走過這段路，就知道那裏有多陡斜。而照片中正好有些人從那邊登山，觀乎日曬下的影子，他們應該正在以肩挑方式把重物運往山上。

老照⑱ 1922 年俯瞰中環

我們又再穿越時光，來到 1920 年代，攝影師這回選擇了比前兩張照片更偏東一些的位置取景。

看照片左邊，畢打街鐘樓經已不復存在。至於香港大酒店曾倒塌的部分完成了重建，此刻正是該酒店的全盛時期——擁有最多樓層，佔地更從皇后大道延伸至德輔道。

視線移至酒店右側，那是港督府建築群。若對比 1880 年代早期的老照片，會發現港督府主樓旁新增了規模小一點、內設宴會廳的附翼（下圖）。

在相片前景、位置在半山堅尼地道上方，還見到另一幢外觀豪華的建築物，那是皇座樓（Kingsclere，見下圖）。

在其他香港的老照片中都甚少見到皇座樓，因為即使以香港的標準而言，其存在時間也太過短暫了。皇座樓大約建於 1900 年，屋主為富商庇理羅士（Emanuel Raphael Belilios），他還以曾飼養本港唯一一頭駱駝而聞名，同時也因熱心於慈善事業而為人稱

道，譬如以其命名的庇理羅士女子中學至今仍在，可作印證[1]。

然而，我們不肯定庇理羅士本人是否曾居於皇座樓，因為他早在 1900 年代初便移居倫敦，至 1905 年病逝，至於皇座樓則在 1920 年代被拆卸。

皇座樓的歷史有助我們大致推斷這張照片的拍攝時間，但更精確的線索來自梅夫人婦女會（The Helena May），該會的主樓建於 1916 年，故照片必然拍攝於那年之後。而主樓原先採用對稱設計，但相片中顯示其左前角已向外擴建了。

上述擴建部分於 1922 年 6 月才正式啟用，加上照片中看到人造斜坡和棚架，意味着工程仍在進行，由此推斷拍攝時間應介乎 1921 年末至 1922 年初。

從梅夫人婦女會望向山頂纜車軌道，鄰近還有數幢建築物。前景正中央是香港佑寧堂的尖塔，再沿堅尼地道往山下走，便來到聖佐治行（St George's House）。

1　編按：官辦的中央女子書院獲庇理羅士捐款建設新校舍，政府遂更改校名以答謝其捐獻。

位於照片右側邊緣的宏偉建築物，原是由本地德語社群所興建的德國會所，但於第一次世界大戰期間因屬「敵產」遭政府沒收，其後聖若瑟書院（St. Joseph's College）遷入，並於下坡處增建有雙塔樓的新校舍。新校舍正巧於照片拍攝前夕才落成，故顯得格外簇新，並一直屹立至今。

最後，再看看九龍自 1880 年代後有何變化？

昔日的沙嘴已因填海而消失，海龜上灘產卵的景象早已不復見。取而代之的是眾多訪客乘火車抵達九龍。照片左下角為九龍車站建築群，大部分站構於 1970 年代遭拆卸，僅餘鐘樓（尖沙咀鐘樓）保存至今。

老照⑲ 1930 年俯瞰中環

在上一張老照片中，我們看到香港大酒店的全盛時期，可惜好景不常。來看看這張照片的左側，詳細呈現當時畢打街、遮打道與德輔道中交匯處五岔路口的周邊狀況。

假若大家察覺到該路口旁有一片偌大空地，沒錯，香港大酒店的北翼在 1926 年元旦毀於一場大火災，不久後遭拆除，該地段隨後空置了數年之久。

對酒店同業而言，這亦是一段艱難時間。相隔短短三年之後，英皇酒店（King Edward Hotel）也遭祝融吞噬焚毀。從路口旁空地往右上方尋找外觀呈三角形的亞歷山大行（Alexandra Building），再往右看會見到失去了屋頂、被竹棚包圍着的英皇酒店殘構。

儘管大火造成多人喪生，但英皇酒店的主體結構尚算完好，有見及此，遂決定不拆除整幢大樓，而是進行內部重建。根據資料，這場火災發生於 1929 年，而建築物經翻新後在 1931 年重新營運，由此推斷這幅照片大約攝於 1930 年。

這個取景角度也能讓我們重新回顧此前照片的數個場景。

較前方的圓頂建築物是香港最高法院大樓，其陽台應是之前那張和平紀念碑揭幕照的取景位置。

空曠場地為香港木球會的球場，此時已改設為網球場。隨着填海工程發展，球手們不必再擔心球會掉進海裏，而是更怕擊球會打破寫字樓的玻璃窗！

在相片右邊可以見到皇家海軍船塢的巨型煙囪，其發電站已全面竣工。事實上整個船塢區已建成且看來運作繁忙。目力所及，能看到停泊在潮塢（Tidal basin）的白色軍艦「添馬艦」（HMS Tamar），在左上方的是英軍航空母艦元祖「競技神號」（HMS Hermes），以及在旱塢中露出煙囪的某艘船艦。

老照⑳ 1946 年俯瞰中環

相片中有好幾個線索，顯示其攝於二戰結束後不久。首先是半島酒店那斑駁不堪的外牆（下圖），隱約仍殘留着日佔時期被日軍塗上的迷彩偽裝漆料。

其次，是從海面下伸出來的數根桅杆（下圖），以及旁邊看似正在進行打撈作業的船隻。這些桅杆其實是戰時遭美國軍機轟炸，沉沒於香港海域的眾多日本船隻。

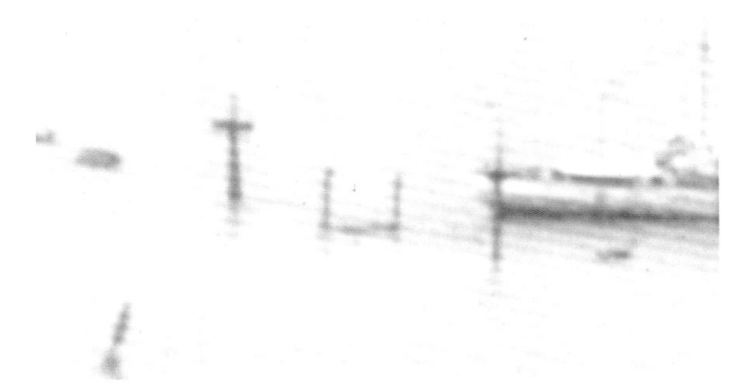

至於其他有助判斷拍攝時間的線索，還包括兩艘英國皇家海軍 C 級驅逐艦，其中編號 R34 的帽徽號（HMS Cockade，下圖）這時停泊於港口外側。

而在英軍潮塢內則是帽徽號的姊妹艦，編號 R76 的伙伴號（HMS Consort，下圖）。

翻查資料，伙伴號在 1946 年 3 月才正式服役，因此這幅照片的拍攝時間應在此之後，估計約為 1946 年的中後期。

在照片中央較前位置，會找到更多戰火痕跡。

首先確認方位。在上面截圖底部的行車橋，是麥當勞道與山頂纜車的交疊處，沿纜車軌道穿過橋樑，會發現中途有一處較深色的區域，那是第二座橋樑，讓纜車可穿過堅尼地道。

換言之，截圖頂部的殘破建築位於堅尼地道北側（下坡方向），緊貼着纜車路軌東面。在戰爭爆發前，該位置是聖佐治行，但從殘存拱門的焦黑外觀判斷，顯然是因大火燒毀。

對比一下 1922 年那張照片的同一位置（下圖）。

我們清楚看到香港佑寧堂的尖塔，在尖塔後方為聖佐治行。但回到 1946 年的照片，教堂位置只餘一片空地，究竟發生過甚麼事？

在 1942 年初，當教眾被關押到赤柱時，佑寧堂的建築尚且完好。不過在 1945 年光復後，教眾返回教堂時赫然發現只餘下一小堆瓦礫，以及從上代佑寧堂牆身保存下來的三塊獻詞碑。

研究佑寧堂歷史的學者稱，日軍拆除佑寧堂，把取得物料用於改建督憲府（即港督府）。但日軍是否真的拆毀了佑寧堂，抑或僅僅是取用本來已遭摧毀的教堂瓦礫？我傾向後者，聖佐治行和香港佑寧堂可能是在美軍空襲期間遭炮彈破壞。

老照 ㉑ 1952 年俯瞰中環

上一張照片是此系列裏僅見香港發展完全停滯的時刻。在戰時，香港幾乎沒有出現任何新建築，畢竟日軍只專注於掠奪香港資源投入戰事，某些區域甚至因戰火與劫掠而出現倒退情況。

然而，這一幅約在六年後拍攝的照片顯示，香港已迅速恢復元氣。我把 1946 年的照片（左）跟現在這幅攝於 1952 年（右）的照片放在一起，再截取了相中同一位置作對比，同時以綠色標示出新建築物。

這座位於較遠處的新建築物，是選址尖沙咀的九龍電話大廈（Telephone Exchange Building）。1948 年 2 月的報章曾提及該大廈（下圖），並興奮地形容為九龍首座摩天大樓：

192-Foot Skyscraper For Kowloon

TELEPHONE EXCHANGE BUILDING

Kowloon will see the beginnings of its first skyscraper when the first piles are driven this week for a twelve storey office building at the corner of Nathan and Cameron roads.

To be built by the Hongkong Telephone Company, the finished building will stand 192 feet high, just 24 feet lower than the Hongkong Shanghai Bank, the tallest building in the Colony.

目光移回港島，維港海濱亦喜見新的建築物。原本的電報局（即大東電報局總部）已拆卸並改建為電氣大廈（Electra House，其後再改名為水星大廈 Mercury House）。

可惜相片裏的電氣大廈幾乎被香港會所新翼遮蓋着。反觀位於木球會球場左側，新建的中國銀行大廈（現俗稱舊中銀大廈）顯得格外矚目。

中國銀行大廈原本是由國民政府籌建，不料工程期間適逢 1949 年中共建政，結果在 1951 年大廈竣工時歸屬於新政權所有。儘管中國內地政局遽變，不過中國銀行大廈的工程進度顯然未受太大影響。

在中國銀行大廈落成後，其當眼位置常用於懸掛巨幅標語，初期通常是在農曆新年或十一國慶期間作簡單致賀；但在 1960 年代則蒙上了較陰暗的色調，出現有關文化大革命的標語，更曾有一段時間在大廈增設揚聲器，公開播放相關宣傳訊息。

從中國銀行大廈往上斜方向隔一小段距離，我們會見到聖約翰座堂的塔樓，其右側是另一座新建築——加油會（Cheero Club），那是一幢長長的單層樓宇，作用是為駐港英軍提供康樂服務。據一份 1950 年代的軍人指南記載，加油會的服務及設施包括：廉價餐飲、桌球、乒乓球、圖書館與鋼琴等。

繼續沿着上斜路段朝鏡頭位置進發，我們會見到最後一組新落成樓宇。

在聖約翰座堂前見到兩座矮樓的屋頂，那是選址花園道新建的美國駐港澳領事館。其上方為原有的梅夫人婦女會，接着再次見到熟悉的山頂纜車軌道。

在纜車路軌右邊，原本聖佐治行的遺址已清理完畢，共濟會出資興建的雍仁會館（Zetland Hall，別稱泄蘭會館，是共濟會在本港的第三代會館）亦已落成，該會在中環泄蘭街的上一代會館，在 1944 年二戰期間毀於美軍空襲。

相片中新落成的雍仁會館，時至今日仍原封不動矗立半山。若大家親訪該會館的堅尼地

道出入口，大門左側為 1949 年經盛大儀式後安放的奠基石，嵌於牆上凹槽。據悉在奠基石後方暗格放置有鉛盒，內藏 1949 年的報章、錢幣及共濟會文集。

最後一幢新樓宇，是建於 1946 年、有弧形外觀的住宅大廈，於麥當勞道下方本為花園的位置原址興建。

老照㉒ 1965 年俯瞰中環

本書最後一幅照片，捕捉了香港在上世紀五十至六十年代，翻天覆地的劇變。

最明顯的改變莫過於大量新樓宇湧現。翻看上一幅 1952 年的照片，當時中環天際線大致只見到滙豐及中銀這兩家銀行的總部大樓，但現在卻要花點時間才能找到它們，因為這兩座銀行大廈幾乎已淹沒於新一代的樓宇海洋之中。與此同時，香港不單止向高（半山）發展，也同時向外擴張——照片右側的灣仔、左側的中環，以及維港對岸的尖沙咀東部均在進行填海工程。

各式各樣的建造工程，有助我們推斷照片的拍攝年代。相中位於尖沙咀的一塊已平整地皮，快將興建星光行（Star House）。據另一張確認攝於 1966 年的照片顯示，星光行已建至數層樓高，換言之這幅照片的拍攝時間應該較早。中環的第二代太子大廈（Prince's Building）於 1965 年完成重建，觀乎相片中的建築工人正在拆除其外牆竹棚，由此推斷其攝於 1965 年初竣工前夕。

星光行地盤

太子大廈

相片清楚印證了香港發展得多麼蓬勃，但同時也折射出大英帝國的沒落。從二戰結束到拍攝這幅照片的時間，大英帝國幾乎解體，英軍也面臨裁減規模。到 1965 年，英國海軍已放棄了轄下大部分船塢用地。

罕塢已遭填平，巨型煙囪亦被清拆，在原來海軍船塢的用地上，取而代之的是新規劃的夏慤道。英軍雖然仍保留了域多利軍營（Victoria Barracks），但同時失去了美利軍營及美利操場，前者隨後一度闢作停車場，後者則曾建成香港希爾頓酒店（即上圖中的高樓）。

若再往後追溯，便踏入現代了，且讓我們的老照片故事在此暫告一段落，並與昔日香港作別。

「老照索引」

1880 年代

⑯

1886 年俯瞰中環

1900 年代

⑥

風災遺創

⑦

巨型煙囱

⑧

茶敘與網球

⑰

1907 年俯瞰中環

1910 年代

⑨

告別辮子

③

著名的「九號」

⑫

鶴咀（德忌立角）

1920 年代

⑱

1922 年俯瞰中環

⑤

和平紀念碑揭幕

⑮

毀壞的電車

⑭

小女童軍

⑩

飛來波鐘形帽

1930 年代

⑲
1930 年俯瞰中環

①
小販 · 書攤 · 老鼠箱

②
Altadena

④
皇家巡遊盛典

⑬
刺槍訓練

1940 年代

⑳
1946 年俯瞰中環

1950 年代

㉑
1952 年俯瞰中環

⑪
香港仔小販

1960 年代

㉒
1965 年俯瞰中環

「地圖索引」

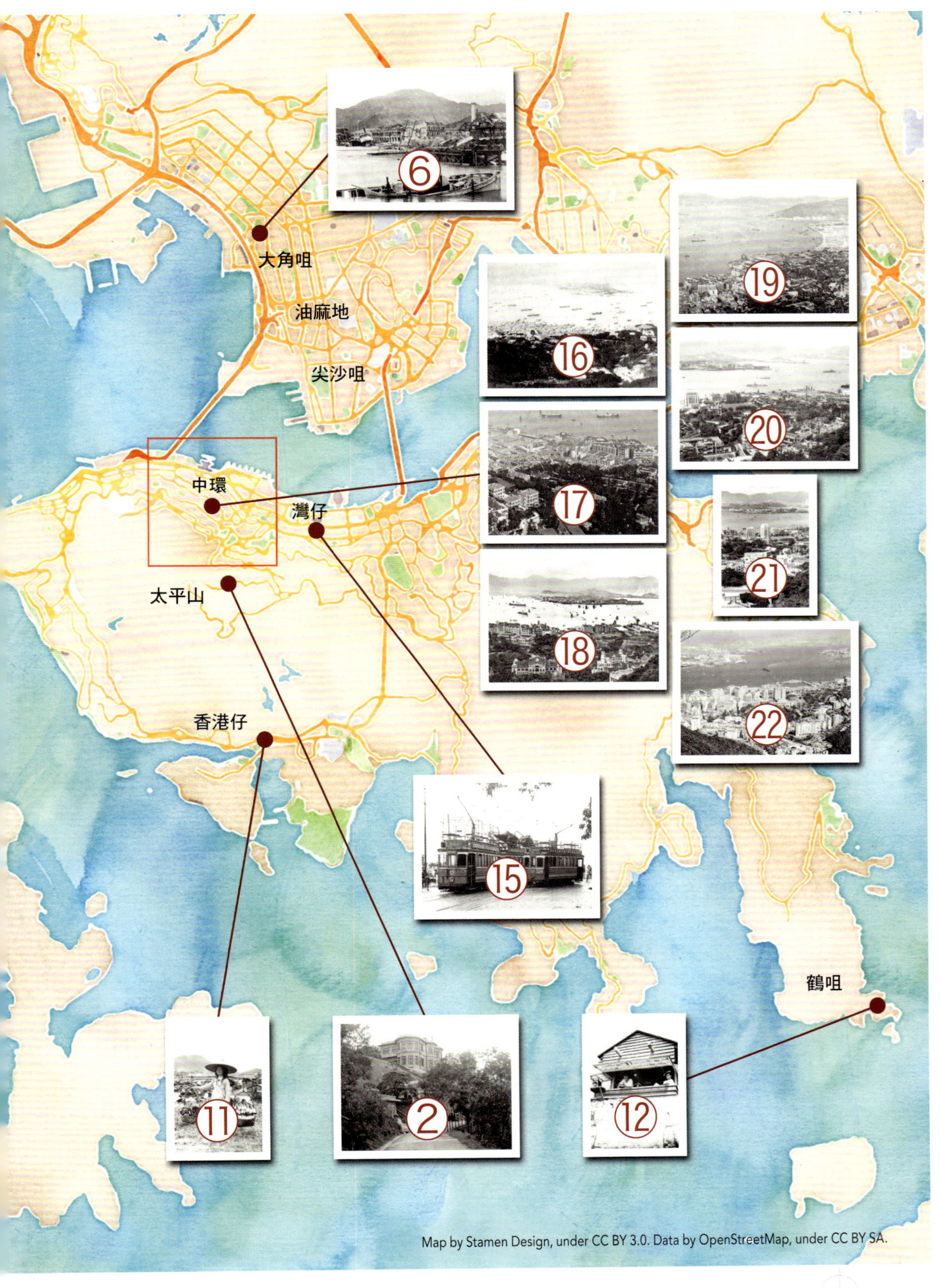
6
大角咀
油麻地
尖沙咀
中環
灣仔
太平山
香港仔
鶴咀
16
17
18
19
20
21
22
15
11
2
12
Map by Stamen Design, under CC BY 3.0. Data by OpenStreetMap, under CC BY SA.

感謝！

本書（指英文原版）的出版過程漫長而曲折，在這段旅途上，有幸獲得多方協助。

最初我將個別照片發表於 Gwulo 網站，在一眾知識淵博的網友協助下修正錯誤，還補充了許多事實與故事（包括本書裏所看到的）。後來我將這些照片匯整成講座，在場聽眾的意見也助我持續改進內容。

感謝 Annemarie Evans、鄺智文、May Holdsworth、Patricia O'Sullivan、Philip Kenny 和 Ross Vermeer 閱讀本書初稿並給予寶貴意見。May、Christopher Munn 和 Pete Spurrier 則助我了解書籍出版的神秘世界。而整個過程中，更有賴賢內助 Grace 的堅定支持。

謹此向各方協助者致謝，同時多謝大家購閱本書！

David

貝大衛（David Bellis）

david@gwulo.com

敬上

註：譯自英文原版，此為經作者確認之中譯文本。

貝大衛與一個頗有典故的生鏽鐵環合照，攝於摩星嶺徑。

貝大衛（David Bellis） 著

責任編輯　梁嘉俊
裝幀設計　Sands Design Workshop
排　　版　陳美連
印　　務　劉漢舉

出　　版　非凡出版
香港北角英皇道 499 號北角工業大廈 1 樓 B
電話：（852）2137 2338　傳真：（852）2713 8202
電子郵件：info@chunghwabook.com.hk
網址：http://www.chunghwabook.com.hk

發　　行　香港聯合書刊物流有限公司
香港新界荃灣德士古道 220-248 號
荃灣工業中心 16 樓
電話：（852）2150 2100　傳真：（852）2407 3062
電子郵件：info@suplogistics.com.hk

版　　次　2025 年 7 月初版

規　　格　16 開（230mm x 170mm）

ISBN　978-988-8913-28-2